BEI GRIN MACHT SICH IHR WISSEN BEZAHLT

- Wir veröffentlichen Ihre Hausarbeit, Bachelor- und Masterarbeit

- Ihr eigenes eBook und Buch - weltweit in allen wichtigen Shops

- Verdienen Sie an jedem Verkauf

Jetzt bei www.GRIN.com hochladen und kostenlos publizieren

Alexandra Maximova

Medien und Zensur in der modernen russischen Gesellschaft

GRIN Verlag

Bibliografische Information der Deutschen Nationalbibliothek:

Die Deutsche Bibliothek verzeichnet diese Publikation in der Deutschen Nationalbibliografie; detaillierte bibliografische Daten sind im Internet über http://dnb.d-nb.de/ abrufbar.

Dieses Werk sowie alle darin enthaltenen einzelnen Beiträge und Abbildungen sind urheberrechtlich geschützt. Jede Verwertung, die nicht ausdrücklich vom Urheberrechtsschutz zugelassen ist, bedarf der vorherigen Zustimmung des Verlages. Das gilt insbesondere für Vervielfältigungen, Bearbeitungen, Übersetzungen, Mikroverfilmungen, Auswertungen durch Datenbanken und für die Einspeicherung und Verarbeitung in elektronische Systeme. Alle Rechte, auch die des auszugsweisen Nachdrucks, der fotomechanischen Wiedergabe (einschließlich Mikrokopie) sowie der Auswertung durch Datenbanken oder ähnliche Einrichtungen, vorbehalten.

Impressum:

Copyright © 2012 GRIN Verlag GmbH
Druck und Bindung: Books on Demand GmbH, Norderstedt Germany
ISBN: 978-3-656-53539-3

Dieses Buch bei GRIN:

http://www.grin.com/de/e-book/264202/medien-und-zensur-in-der-modernen-russischen-gesellschaft

GRIN - Your knowledge has value

Der GRIN Verlag publiziert seit 1998 wissenschaftliche Arbeiten von Studenten, Hochschullehrern und anderen Akademikern als eBook und gedrucktes Buch. Die Verlagswebsite www.grin.com ist die ideale Plattform zur Veröffentlichung von Hausarbeiten, Abschlussarbeiten, wissenschaftlichen Aufsätzen, Dissertationen und Fachbüchern.

Besuchen Sie uns im Internet:

http://www.grin.com/

http://www.facebook.com/grincom

http://www.twitter.com/grin_com

Martin-Luther Universität Halle-Wittenberg

Philosophische Fakultät II

Institut für Slavistik und Sprechwissenschaft

Modul: Medien und Medienpolitik in Russland Ende des 20. und zu Beginn des 21. Jahrhunderts

WS2012/13

Medien und Zensur
in der modernen russischen Gesellschaft

Inhaltsverzeichnis

1	Einleitung..	3
2	Historische Entwicklung...	4
3	Russische Medienlandschaft..	6
3.1	Das Fernsehen...	6
3.2	Das Internet...	8
4	Instrumentalisierung des Medienmarktes.......................................	9
5	Russische Gesetzgebung...	11
5.1	Mediengesetze jenseits demokratischer Standards........................	11
5.2	Das Gesetz „Über den Schutz von Kindern vor Informationen, die ihrer Gesundheit und Entwicklung abträglich sind"...............	12
6	Gewalt gegen Journalisten..	14
7	Fazit..	15
8	Literaturverzeichnis..	17

1. Einleitung

„Was wir über unsere Gesellschaft, ja über die Welt, in der wir leben, wissen, wissen wir durch die Massenmedien."[1]

Der moderne Mensch lebt heute in einem Zeitalter der Massenmedien und der globalen Kommunikation. Unsere Weltanschauung, unser tägliches Wissen und die neuesten Ereignisse, erfahren wir aus den Massenmedien. Die Wichtigkeit der uns umgebenden Massenmedien verdeutlicht auch das oben aufgeführte Zitat von Niklas Luhmann. Oft ist es den Menschen nicht einmal bewusst, in welchem Ausmaß diese modernen Medien über unser Leben bestimmen. So ist beispielsweise beim Autofahren das Radio mit seinen Stau- und halbstündlichen Nachrichtenmeldungen schon längst zu einem zuverlässigen Begleiter im Straßenverkehr geworden. Ein Zeitungskiosk schmückt jede zweite Straßenecke und bietet eine umfangreiche Auswahl an Zeitungen und Zeitschriften. Geht man weiter, kommt man auch schon zum Internetcafé, wo man schnell und einfach seine E-Mails „checken" oder die gesuchte Information auf schnelle und einfache Weise im Internet nachlesen kann. Wer heutzutage kein Fernsehgerät besitzt, kann bei manchen tagesaktuellen Gesprächen kaum mitreden.[2]

Aber nicht nur für die persönliche Unterhaltung und den persönlichen Informationsbezug haben Massenmedien eine wichtige Rolle eingenommen. Auch für die Welt der Politik sind die Massenmedien unverzichtbar geworden. Die Politik und auch der Staat bedienen sich derer in großem Maße. Allerdings können nur autonom handelnde Medien eine positive Rolle im Staat erfüllen.[3]

Im Mittelpunkt der hier vorliegenden Hausarbeit soll das russische Mediensystem stehen. Dafür wird eine konkrete Darstellung und Beschreibung der Medienlandschaft Russlands in der modernen Gesellschaft und die gezielte Umorientierung und Ausnutzung dieser zu Gunsten der heutigen Herrschafts- und Machtstrukturen der russischen Politik vorgenommen. Auch soll ein kurzer geschichtlicher Abriss vorangehen, um dann auf die aktuelle Medienstruktur genauer eingehen zu können. Weiterhin wird das Ausmaß der Zensur an einzelnen zentralen Beispielen näher verdeutlicht. Im abschließenden Fazit werden noch einmal die wichtigsten Punkte der Arbeit resümiert. Schließlich bildet eine persönlichen Stellungnahme zur Thematik dann den Abschluss der Hausarbeit.

---

[1] Streuer, V.: Medien in Russland - Macht und Ohnmacht im Verhältnis zum Staat unter Putin. München, 2008, S.1.
[2] Vgl. Pleines, Schröder 2010, S.153ff.
[3] Vgl. Streuer 2008, S.1.

2. Historische Entwicklung

In dem nachfolgenden Teil der Hausarbeit soll ein kurzer Überblick über die Beziehung und Entwicklung von Politik und Medien in Russland im geschichtlichen Rahmen gegeben werden, da das Verstehen dieser Entwicklung von zentraler Bedeutung für die heutige Situation im Staat ist.

Die enge Verknüpfung zwischen Politik und Medien war bereits für das sowjetische System in Russland kennzeichnend gewesen. So war die Meinungsfreiheit in dem totalitären Staat nur auf dem Papier existent. Die Presse war Teil des Staatsapparats und auch die Selbstzensur der Medien war keine Seltenheit.[4]

In der Zeit der Perestroika unter der Führung von Michail Gorbačev wurde dann versucht mit Hilfe der Politik der Glasnost die Menschen wieder mehr für das System zu begeistern.[5] [6] Der Begriff Glasnost bedeutet übersetzt so viel wie Offenheit oder Öffentlichkeit. Durch so eine Politik wurden die zu der damaligen Zeit im Untergrund agierenden, kritischen Aktivitäten von Journalisten stark gefördert. Es wurde eine Transparenz des Systems angestrebt, wobei man eine begrenzte Meinungsvielfalt zuließ, und auch die Presse gewann neue Handlungsspielräume. Im Nachhinein betrachtet kann man sagen, dass die Situation aus der Sicht der politischen Führung etwas aus dem Ruder gelaufen ist. Viele Journalisten nutzten ihre neu gewonnen Rechte, die allgemeine Unsicherheit und die schlechte Absprache der kontrollierenden Personen untereinander zu ihren Gunsten aus. Viele Journalisten trieksten die Kontrollinstanzen des Staates regelrecht aus. Sie wussten z.B., dass die Beiträge in der frühesten Zeitzone kontrolliert werden würden, weil die Kontrollinstanzen auf diese Weise noch in der Lage waren die Beiträge bei Bedarf zu zensieren oder zu verändern. Auf diese Wiese wollten die Zensoren verhindern, dass z.B. in Moskau, welches in einer späteren Zeitzone liegt, verbotene Beiträge veröffentlicht wurden. Die Journalisten publizierten daher in der frühesten Zeitzone abgeschwächte Versionen ihrer Beiträge. So ahnten die Zensoren nicht, dass die in der Moskauer Zeitzone gezeigten Beiträge für den Staat unerwünschte Inhalte haben würden.[7] [8] Manche Zensoren verrieten auch delikate Informationen und verbündeten sich mit den Journalisten. In dieser relativ kurzen Zeitspanne hat die Bevölkerung daher geradezu begeistert zur Zeitung gegriffen oder den Fernseher

---

[4] Vgl. http://www.dieeuros.eu/Russlands-Medienlandschaft,1371.html?lang=fr [10.05.13].
[5] Vgl. Koltsova 2006, S. 28ff.
[6] Vgl. Gladkov 2002, 42ff.
[7] Vgl. Koltsova 2006, S.29.
[8] Vgl. Gladkov 2002, S. ff.

einschaltete.⁹ ¹⁰

Auch das Gesetz über die Massenmedien aus dem Jahr 1992, das Zensur verbot und Informationsfreiheit garantierte, förderte die Entwicklung eines pluralistischen, kritischen Journalismus.¹¹ ¹²

Durch die Privatisierung der Wirtschaft unter Präsident Jelzin Mitte der 90er Jahre kam es dann zur Herausbildung neuer nicht-staatlicher Medien. Seit dem demokratischen Umbruch herrschte im Land ein chronischer Geldmangel im Mediensektor, daher wurden die wenig rentablen Medienunternehmen zur leichte Beute für die neuen mächtige Oligarchen.¹³ Diese Oligarchen wurden zu den Eigentümern der neuen, teils kritischen Medien. Sie errichteten sich zur größeren politischen und gesellschaftlichen Einflussnahme wahre Medienimperien. Es ging hier um die Propagierung ihrer eigenen wirtschaftlichen und politischen Ziele.¹⁴ Zu nennen sind hier vor allem zwei Oligarchen: Vladimir Gusinskij und Boris Beresovskij.¹⁵ ¹⁶ ¹⁷

Dagegen wurde von Beginn der Amtszeit von Präsident Vladimir Vladimirovič Putin an sehr intensiv gegen freie und besonders gegen kritische Meinungsäußerungen vorgegangen. Man kann sagen, dass die langjährige Tätigkeit Putins beim sowjetischen Geheimdienst eine deutlich erkennbare Prägung hinterlassen hat. Offene Kritik erträgt er nur schwer. So kam es verstärkt zur gezielten Ausschaltung kritischer Stimmen. Zum Beispiel wurden die zwei bedeutendsten oben genannten Medien-Oligarchen, die kritische Medien betrieben, recht schnell beseitigt. Vladimir Gusinskij beispielsweise, der das Medienimperium Most leitete, wurde verhaftet. Ihm wurde Steuerhinterziehung unterstellt, obwohl der eigentliche Grund seiner Verhaftung wohl aber die versagte Unterstützung Putins bei den Wahlen gewesen war.¹⁸ ¹⁹ ²⁰ ²¹ ²²

---

⁹ Vgl. Koltsova 2006, 29ff.
¹⁰ Vgl. Streuer 2008, S.13.
¹¹ Vgl. Streuer 2008, S.10.
¹² Vgl. Kreisel 2001, 241-242.
¹³ Vgl. http://www.dieeuros.eu/Russlands-Medienlandschaft,1371.html?lang=fr [10.05.13].
¹⁴ Vgl. ebd.
¹⁵ Vgl. Streuer 2008, S.15.
¹⁶ Vgl. Trautmann 2002, S.147-155.
¹⁷ Vgl. Koltsova 2006, S. 37-38.
¹⁸ Vgl. Mommsen, Nußberger 2007, S. 46-48.
¹⁹ Vgl. Streuer 2008, S.16.
²⁰ Vgl. Kreisel 2001, S.243ff., 254ff.
²¹ Vgl. Koltsova 2006, S.42,194-204.
²² Vgl. Matzen 2006, S.305.

Von Beginn seiner Amtszeit an hatte Putin das Ziel, die Medien in die Hände des Staats zurück zu bringen und diese für seine Zwecke einzusetzen. Putins Philosophie ist dabei: „Staatseigene Medien sollten den Markt dominieren, da nur der Staat in der Lage sei, objektive Informationen über Russland zu vermitteln."[23] Um sein Ziel zu erreichen bediente er sich dafür der folgenden Instrumente: einer schwammigen Mediengesetzgebung, der Übernahme privater Sender durch Staatsunternehmen, sowie der Unterdrückung kritischer Journalisten, der (Selbst)-Zensur und Instrumentalisierung der Medienunternehmen.[24] Möglichkeiten einer solchen Medienkontrolle werden im weiteren Verlauf der Hausarbeit noch genauer dargestellt.

Insgesamt kann man in Bezug auf das russische Mediensystem in der historischen Entwicklung letztendlich feststellen: „Es geht nicht um Profite, sondern in erster Linie um Macht".[25]

3. Russische Medienlandschaft

Die modernen Medien in Russland (russisch Средства массовой информации (СМИ)) beinhalten solche modernen Kommunikationsmedien wie Zeitungen, Radio, Fernsehen und Internet. Eines der derzeit größten Medienunternehmen auf dem russischen Medienmarkt ist z.B. die Gazprom-Media, eine Tochterfirma des staatlich kontrollierten Konzerns Gazprom.[26]

Die wichtigsten Medien in Russland sind das Fernsehen und die Printmedien, das Radio hat im Laufe der Zeit doch eher an Bedeutung verloren und wird daher hier nur der Vollständigkeit halber genannt.[27] Im weiteren Verlauf der Hausarbeit werden exemplarisch zwei der wichtigsten Medien Russlands vorgestellt.

3.1 Das Fernsehen

Das Fernsehen spielt als ein Massen- und Informationsmedium in Russland eine sehr große Rolle. Laut einer Umfrage des Meinungsforschungsinstituts FOM vom August des Jahres 2007 informieren sich 90% der Bürger Russlands über die nationalen TV-Kanäle, dagegen aber-, nur 30% über überregionale Zeitungen, 26% über nationale Radiosender und

---

[23] http://www.dieeuros.eu/Russlands-Medienlandschaft,1371.html?lang=fr [10.05.13].
[24] Vgl. ebd.
[25] Kharina-Welke 2004/2005, S. 578.
[26] Vgl. http://www.laender-analysen.de/russland/pdf/Russlandanalysen007.pdf 10.05.13].
[27] Vgl. Kreisel 2001, S.243-250.

nur 9% über das Internet.[28]

Für die Bürger ist also das Fernsehen das wichtigste Medium, um politische Informationen zu erhalten.[29] Daher ist es nicht verwunderlich, dass die fünf größten Fernsehsender sich allesamt im staatlichen Besitz befinden und unter ständiger Kontrolle von Seiten des Staates stehen. Ein Beispiel wäre *Kanal 1* oder *Ren TV*, an welchem der Sender RTL einen Anteil von 30% hält.[30] So sind die Nachrichtensendungen, die den Zuschauern geboten werden, ausschließlich kremltreu. Es ist somit keine Überraschung, dass Freedom House das Land im Jahr 2006 bezüglich der Pressefreiheit auf Rang 158 von 194 noch hinter dem Irak und auch Afghanistan eingestuft hat.[31]

Das Fernsehen ist heute eine Propagandamaschinerie Putins und zeigt den Zuschauern demnach ein „Paralleluniversum". Bestimmte Themen werden komplett tabuisiert und Putin inszeniert daher seine Herrschaft über den Staat.[32]

Befragt man allerdings die russische Bevölkerung zum Thema der Verstaatlichung der Medien, so ergeben beispielsweise Umfragen von Oktober 2003, dass 36 Prozent der Russen eine stärkere staatliche Kontrolle der Medien gut heißen. Die meisten Russen begrüßten sogar die Übernahme von solchen Sendern wie von NTV und TV6 durch staatsnahe Unternehmen. Die Regierung Putins nutzt dabei besonders die Unbeliebtheit der Medienoligarchen in der Bevölkerung aus, da diese als „Gewinner der Wende" gelten und für die wirtschaftliche Armut der Bevölkerung in den 90er Jahren verantwortlich gemacht werden. Zwar wurde durch die Übernahme von NTV durch Gasprom eine Welle des Protests ausgelöst, wobei zweimal rund 20 000 Menschen auf den Straßen von Moskau gegen die Übernahme des Senders demonstrierten. Diese Proteste gelten aber nur als Einzelfälle.[33]

Immer deutlicher werden auch die Parallelen zwischen der Situation der Medien in der Sowjetunion und dem heutigen Russland. Ein Merkmal so einer Entwicklung ist z.B. die Rückkehr zur Selbstzensur. Auch wenn sich die heutige russische Politik keiner ideologischen Grundlage bedient, sondern nach außen den Schutz des kulturellen Erbes und der nationalen Sicherheit in den Mittelpunkt stellt, so sind Merkmale wie ein in geringem Maße entwickeltes bzw. ineffizientes Medienrecht, oder auch ein gewisser Personenkult identisch. Die Meinungs- und Pressefreiheit ist heute wie damals stark eingeschränkt und die Medien

---

[28] Vgl. Pleines, Schröder 2010, S.155.
[29] Vgl. http://www.dieeuros.eu/Russlands-Medienlandschaft,1371.html?lang=fr [10.05.13].
[30] Vgl. Pleines, Schröder 2010, S.155.
[31] Vgl. http://www.dieeuros.eu/Russlands-Medienlandschaft,1371.html?lang=fr [10.05.13].
[32] Vgl. ebd.
[33] Vgl. http://www.dieeuros.eu/Russlands-Medienlandschaft,1371.html?lang=fr [10.05.13].

sind dem Staat oftmals schutzlos überlassen. Auf diese Weise hat die breite Bevölkerung kaum einen Zugang zu kritischer oder auch nur objektiver Information über Geschehnisse im In- und Ausland.[34] Im weiteren Verlauf der Hausarbeit wird die Rechtsgrundlage der russischen Medienlandschaft an einigen Beispielen noch genauer betrachtet.

3.2 Das Internet

Das Internet nimmt in der Medienlandschaft Russlands ebenfalls eine wichtige Stellung ein.[35] Es gilt mittlerweile als vergleichsweise freiestes Medium. Dazu schrieb der Journalist Dmitrij Vinogradov: „Das Internet in Russland ist eine kleine Insel der Redefreiheit."[36] Die Menschen nutzen verstärkt das Internet, um sich über Korruption, Defizite in den regionalen Verwaltungen oder über das Versagen von Behörden zu informieren und auch um das System zu kritisieren. Es werden manchmal sogar Informationen zunächst über das Netz bekannt, bevor sie in die traditionellen Medien gelangen.[37] So konnte z.B. ein Blogger wie Aleksej Naval´nyj, der im Internet Berichte über Korruption von Behörden verfasste, eine russlandweite Bekanntheit erlangen.[38] Das Internet hat daher die Funktion einer demokratischen Gesellschaft übernommen, welches aber überwiegend die junge Generation umfasst.[39] Allerdings wird versucht das Internet unter staatliche Überwachung zu stellen. Die Machtorgane verfolgen dabei eine Doppelstrategie. Einerseits betreibt der Kreml eine propagandistische Internetseite, welche sich gezielt an das junge Publikum richtet. Andererseits versucht der Kreml die „unkontrollierbare" virtuelle Szene zu kontrollieren. So kann beispielsweise der Geheimdienst FSB ohne richterliche Genehmigung den gesamten Mailverkehr von und nach Russland lesen und die Internetaktivitäten der User in Echtzeit verfolgen.[40][41] Ein Nachteil der neuen Online-Medien ist, dass sie meist nur in Großstädten wie in Moskau und St. Petersburg eine größere Rolle spielen, da in den ländlichen Gegenden so gut wie kein Internetzugang vorhanden ist. Es fehlt auch an Computern, Modems und Breitbandanschlüssen. So nutzen momentan nur etwa 18% der russischen Bevölkerung

---

[34] Vgl. ebd.
[35] Vgl. Streuer 2008, S.17.
[36] Pleines, Schröder 2010, S. 167.
[37] Vgl. ebd. S. 168.
[38] Vgl. https://dgap.org/de/article/20190/print [10.05.13].
[39] Vgl. Pleines, Schröder 2010, S. 167ff.
[40] Vgl. http://www.zeit.de/online/2007/11/russland-internet [10.05.13].
[41] Vgl. Pleines, Schröder 2010, S. 168ff.

dauerhaft das Internet.[42]

Allerdings können auch im russischsprachigem virtuellen Raum Dummheiten, Geschmacklosigkeiten, Beleidigungen, ironische, witzige, amüsante Beiträge, aber auch politisch und moralisch fragwürdige Inhalte kursieren. Wegen „Anstiftung zum Hass" oder der „Herabwürdigung der Menschenwürde" werden bereits erste Anklagen erhoben. Es ist hier auch möglich, dass auf diese Weise wieder versucht wird politisch kritische Autoren mundtot zu machen.[43]

4. Instrumentalisierung des Medienmarktes

„Die Unabhängigkeit der Medien ist unverzichtbare Bedingung [...] für eine freiheitliche Demokratie. Eine staatlich gelenkte oder staatsnah agierende Medienlandschaft führt allenfalls zu einer ‚gelenkten' Demokratie, die aber mit einer ‚Herrschaft des Volkes' wenig zu tun hat."[44]

Seit Beginn der Präsidentschaft Putins hört man verstärkt den Begriff der „gelenkte Demokratie" in Bezug auf Russland. Immer wieder ist auch von „Zensur" und fehlender Meinungsfreiheit die Rede.[45] Auch Cornelia Rabitz tituliert ihren Aufsatz aus dem aktuellen Band der Bundeszentrale für politische Bildung folgender Maßen: „Ohne Zensur und doch nicht frei – Russlands Medienlandschaft".[46] Auch sieht der liberale Politiker Boris Nemcov im heutigen politischen System Russlands „[e]in Einparteiensystem, Zensur, ein Taschenparlament, eine zahme Justiz, strikte Zentralisierung von Macht und Finanzen, eine übertriebene Rolle für die Geheimdienste und die Bürokratie."[47]

Im heutigen Russland gibt es zwar eine große Anzahl an elektronischen und Printmedien, allerdings ist, wie man in den vorhergehenden Kapiteln der Hausarbeit feststellen kann, ein großer Teil dieser Medien unter staatlicher Kontrolle. Dabei kann diese Kontrolle auf verschiedene Art und Weise erfolgen:

1. Durch direkte staatliche Kontrolle, wobei der Staat die Medien direkt kontrolliert, wie beispielsweise die Rossijskaja gazeta oder die Nachrichtenagentur ITAR-TASS.

2. Durch staatliche Unternehmen, hier sind die Medien in der Hand mehrheitlich vom Staat kontrollierter Firmen, wie beispielsweise die Tageszeitung Izvestija, die über Gazprom-

---

[42] Vgl. ebd. S. 167.
[43] Vgl. Pleines, Schröder 2010, S. 168.
[44] Streuer 2008, S.1.
[45] Vgl. Mommsen, Nußberger 2007, S. 41, 46-55.
[46] Pleines, Schröder 2010, S.153.
[47] Mommsen, Nußberger, 2007, S. 41.

Media Teil des mehrheitlich vom Staat kontrollierten Konzerns Gazprom beaufsichtigt wird.

3. Durch staatstreue Unternehmer, hierbei kaufen Unternehmer, die mit staatsnahen Firmen auf das engste verwoben sind, auf dem Medienmarkt eigene Medienimperien ein. So erwarbAlišer Usmanov im Jahr 2007 beispielsweise die Tageszeitung Kommersant. Nach Angaben der Organisation Reporter ohne Grenzen war sie bis dahin „eine der letzten Bastionen der unabhängigen Medien".[48]

4. Durch die Verstaatlichung von Druckereien.[49]

5. Durch Repressalien und Einschüchterungsmaßnahmen, was viele Redaktionen zu Selbstzensur zwang.[50]

Ein weiteres häufig eingesetztes Mittel zur Kontrolle der modernen Medien ist die Zulassung von „geprüften" Journalisten, d.h. „Wenn der Präsident oder ein anderer Vertreter des Kremls eine Pressekonferenz gibt, werden nur Journalisten zugelassen, die regierungsfreundlich berichten. Darüber hinaus dürfen nur Fragen gestellt werden, die vorher mit dem Pressestab des Präsidenten abgesprochen wurden."[51]

Die wenigen unabhängigen Medien sind auf größere Städte wie Moskau und St. Petersburg beschränkt. Allerdings ist die finanzielle Situation der unabhängigen Medien sehr schlecht. Aufgrund der schlechten Anzeigenlage z.B. im Fall der Novaja Gazeta durch Drohung der Anzeigekunden und auch der geringen Kaufkraft von Seiten der Bevölkerung, leiden unabhängige Medien unter chronischer Finanzknappheit. Dazu kommen auch, gleichfalls wie im Fall Novaja Gazeta, durch den Staat eingeleitete steuer,- straf- oder zivilrechtliche Verfahren hinzu.

Als Gegenargument von Seiten des Staates verkündete Michail Gorbačev 2008 in einem offenen Brief, man solle Russland nicht zu einseitig betrachten. In Bezug auf die Pressefreiheit sagt er: Trotz aller berechtigten Kritik „gibt es bei uns zahlreiche Zeitungen, die heute Glasnost in der Praxis anwenden und frei schreiben. Einem aufmerksamen Beobachter kann nicht entgehen, dass die Medien – trotz aller Widrigkeiten – immer stärker werden."[52]

---

[48]http://www.reporter-ohne-grenzen.de/fileadmin/rte/docs/2007/rapport_en_md.pdf [11.05.13].
[49]Vgl. http://www.kas.de/wf/de/33.13586 [11.05.13].
[50]Vgl. ebd.
[51]http://www.berlinonline.de/nachrichten [11.05.13].
[52] http://www.cicero.de/97.php?ress_id=10&item=2516 [10.05.13].

5. Russische Gesetzgebung

Laut der russischen Verfassung wird dem Bürger die Freiheit des Gedankens und des Wortes sowie die Freiheit der Masseninformation garantiert, Zensur ist dabei verboten. Doch die Realität sieht anders aus: „Dies[e] Gesetz[e] [sind] nicht nur eine Abrechnung mit der Presse. Es ist die endgültige Vernichtung der Protest- und Versammlungsbewegung." schreibt die russische Tageszeitung „Moskovskij Komsomolec"
Mit Hilfe immer neuer Gesetzesänderungen, welche immer neue, erweiterte staatliche Kontrollmöglichkeiten bieten, sagt die Regierung der eigenen Gesellschaft den Kampf an. Durch die in kurzer Folge verabschiedeten Gesetze sollen daher die restlichen kritische Stimmen, Journalisten und Internet-Blogger in Zukunft einfacher mundtot gemacht werden.[53]
Im weiteren Verlauf der Hausarbeit werden exemplarisch Gesetze und Beschlüsse der russischen Regierung betrachtet und im Hinblick auf ihre demokratischen Standards genauer untersucht.

5.1 Mediengesetze jenseits demokratischer Standards

Kurz nach Putins Amtsantritt am 9. September 2000 wurde die „Doktrin zur Informationssicherheit" erlassen. Auf diese Weise sollten die Würde des Militärs, der Patriotismus und die traditionellen Werte der russischen Kultur durch das Gesetz gesichert werden. Indirekt meint die Doktrin allerdings, dass jegliche Staatskritik unterdrückt werden soll, um die nationale Sicherheit nicht zu gefährden.[54]
Nach der Geiselnahme durch die tschetschenischen Rebellen in einem Moskauer Theater, welche die russische Regierung Ende Oktober 2002 mit einem umstrittenen Gaseinsatz beendete, wurde in der Duma über eine mögliche Verschärfung des Pressegesetzes beraten. Es folgte daraus das entstandene „Extremismus-Gesetz". Dieses verbot den Medien im Rahmen eines Kampfes gegen den Terror, Informationen über Anti-Terror-Einsätze zu recherchieren, zu verbreiten oder „Terroristen" zu zitieren. Im Sommer 2006 wurde dieses Gesetz nochmals verschärft, wobei der Tatbestand des „Extremismus" um elf Punkte erweitert wurde. Durch diese Gesetzgebung konnte eine öffentliche Kritik an einem Staatsdiener im Rahmen seiner Amtstätigkeit als „Erniedrigung der nationalen Würde" und damit als Form von Extremismus

---

[53] Vgl. http://gruen-digital.de/2012/07/gesetzesaenderungen-kampfansage-des-kremls-an-die-zivilgesellschaft [10.05.13].

[54] Vgl. http://www.dieeuros.eu/Russlands-Medienlandschaft,1371.html?lang=fr [10.05.13].

bewertet und damit verboten werden.[55]

Einen weiteren undemokratischen Höhepunkt und damit einen Rückschlag für die Meinungsfreiheit bildete schließlich ein Wahlgesetz, das vor den Duma-Wahlen 2003 erlassen wurde. Es verbietet den Medien jegliche parteiische Wahlberichterstattung. Auf diese Weise sollten Kommentare, Prognosen oder Portraits der Kandidaten unterbunden werden.[56] Noch kurz vor Ende der zweiten (ersten) Amtszeit brachte die Partei „Einiges Russland" einen Gesetzentwurf in die Duma, welcher eine Änderung der Mediengesetze vorsah. Nahe zu einstimmig stimmte das Parlament der Änderung zu. Zeitungen und Rundfunksender können nun wegen „Verleumdung" einfach geschlossen werden. Der Anlass dafür war aber eher ungewöhnlich. Eine russische Boulevardzeitung berichtete kurz vor Ende der zweiten Amtszeit Putins von einer Liebesaffäre des Präsidenten mit einer jungen Sportlerin. Dies war ein Tabubruch für Putin, der sein Privatleben streng abschirmte.[57] Im März 2007 rief Putin schließlich eine„Aufsichtsbehörde für Massenmedien, Kommunikation und den Schutz des kulturellen Erbes" ins Leben, die direkt dem Ministerpräsidenten, später Putin unterstellt wurde. Diese „Super-Behörde" kontrolliert nun alle Medien und Kommunikationsmittel, darunter auch Internet und Telekommunikation, mit ihren Inhalten und vergibt Lizenzen. Außerdem verfügt sie darüber hinaus über eine Datenbank mit persönlichen Daten der Bürger, um ihre Internetnutzung überwachen zu können.[58]

5.2 Das Gesetz „Über den Schutz von Kindern vor Informationen, die ihrer Gesundheit und Entwicklung abträglich sind"

Anfang Juli 2012 hat die Duma in dritter Lesung einen Gesetzesentwurf verabschiedet, der den Titel „Über den Schutz von Kindern vor Informationen, die ihrer Gesundheit und Entwicklung abträglich sind" trägt, verabschiedet. Ab 1. September 2012 trat dieses Gesetz dann endgültig in Kraft. Damit wird es den russischen Behörden möglich, eine „Schwarze Liste" über Websiten (черный список сайтов в интернете) zu erstellen.[59] Mit Hilfe dieses Entwurf soll das derzeit geltende Informationsgesetz geändert werden. Auf diese Weise könnte der Betreiber einer Website in Zukunft ohne Angabe von Gründen auf die „Schwarze

---

[55] Vgl. http://www.dieeuros.eu/Russlands-Medienlandschaft,1371.html?lang=fr [10.05.13].
[56] Vgl. ebd.
[57] Vgl. Pleines, Schröder 2010, S. 169.
[58] Vgl. http://www.dieeuros.eu/Russlands-Medienlandschaft,1371.html?lang=fr [10.05.13].
[59] Vgl. https://www.unwatched.org/EDRigram_10.14_Russland_Gesetz_zur_Einfuehrung_von_Internet-Sperrlisten [10.05.13].

Liste" gesetzt werden, ohne dass es hierfür einer gerichtlichen Verfügung bedarf.[60]
Im Gesetz ist weiter angegeben, welche Inhalte dazu führen können, dass eine Website ohne richterliche Verfügung auf die „Schwarze Liste" gesetzt wird: „[...] Kinderpornographie sowie Informationen, die zur Bewerbung von Narkotika oder Psychopharmaka und deren Vorläufern dienen, ebenso wie Aussagen, die Kinder zu Handlungen auffordern, die ihr Leben und/oder ihre Gesundheit bedrohen, wie etwa Selbstverletzung und Selbstmord ...".[61] Dabei kritisiert der Journalist Andrej Babickij, dass die Formulierung „Aussagen, die Kinder zu Handlungen auffordern, die ihr Leben und/oder ihre Gesundheit bedrohen" absichtlich sehr vage gehalten ist, es wird ebenfalls keine genaue Definition gegeben, was als „abträglicher" Inhalt zu verstehen ist. Dies kann dazu führen, dass auch Seiten mit jedweden Inhalten in Bezug auf gefährliche Freizeitaktivitäten, wie etwa Extremsportarten z.b. Fallschirmspringen, auf die Sperrliste geraten können. Solche Unklarheiten der Gesetzesformulierung können somit ausgenutzt werden, was eindeutig zu Over-Blocking und Missbrauch durch den Staatsapparat führen kann.[62] Eine Stellungnahme der Reporter ohne Grenzen lautet daher wie folgt: „Wir glauben, dass die Einführung einer „Schwarzen Liste" das Tor zur missbräuchlichen Filterung und Sperrung von Inhalten im Internet öffnen wird. Ziel dabei ist eine Zensurierung der russischen Opposition und von Regierungskritikern."[63]
Es sprechen allerdings auch weitere Punkte gegen das Gesetz. Es könnte zur Sperre von legitimen Websites führen, auch kann die Filterung das gesamte russische Internet verlangsamen und den Internethandel sowie Innovationen im Internet behindern. Schließlich wird der zur Umsetzung des Gesetzes erforderliche Einsatz von Sperr- und Filtereinrichtungen sehr hohe Kosten verursachen.[64]
Als Antwort der Regierung zur kritischen Stellungnahme des Menschenrechtsrates wurde die folgende Erklärung abgegeben: „[...] wenn Eltern den Zugang ihrer Kinder zum Internet beschränken dürfen, um sie vor schädlichen Inhalten zu schützen, dann darf auch die Regierung den Zugang zu illegalen Inhalte einschränken, ja aus Sorge um die Bevölkerung, sie muss es sogar tun [...]".[65]
Um dem Gesetz entgegen zu wirken hat eine Koalition von unabhängigen russischen

---

[60] Vgl. https://www.unwatched.org/EDRigram_10.14_Russland_Gesetz_zur_Einfuehrung_von_Internet-Sperrlisten [10.05.13].
[61] Ebd.
[62] Vgl. ebd.
[63] Ebd.
[64] Vgl. ebd.
[65] Ebd.

Journalisten einen Versuch unternommen um gegen den Gesetzentwurf vorzugehen. Sie starteten eine Online-Petition, um die Rücknahme des Gesetzes zu erreichen. Am 10. Juli 2012 hat die russischsprachige Wikipedia-Seite [ru.wikipedia.org] aus Protest ihren Betrieb ausgesetzt. Auf dem Bildschirm erschien ein Balken über dem Wikipedia-Logo und auch der folgende Text: „Stell dir eine Welt ohne freien Zugang zu Wissen vor."[66] Dies führte leider nicht zur einer Änderung des erlassenen Gesetzes.

6. Gewalt gegen Journalisten

Neben den die Meinungsfreiheit einschränkenden Gesetzen und der Ausschaltung unabhängiger Rundfunk- und Fernsehsender setzt die russische Regierung ein weiteres Instrument, die Instrumentalisierung und Unterdrückung von Journalisten, zur Gleichschaltung von staatskritischen Medien ein.[67]

Dass die Beziehung zwischen Medien und Staat in Russland daher als schwierig betrachtet werden kann, ist nicht erst seit dem Tod von Anna Politkovskaja bekannt, welche am 7. Oktober 2006 im Hausflur ihrer Wohnung von einem Unbekannten erschossen wurde. Sie hatte für die Zeitung „Novaja Gazeta" gearbeitet und war eine kompromisslose Kritikerin der Politik Putins.[68]

Zwischen 1993 und 1999 wurden in Russland der Statistik der russischen Journalisten-Gewerkschaft nach 201 Journalisten ermordet, wobei zu den bekanntesten Fällen beispielsweise die Anschläge auf den Mitarbeiter der Tageszeitung Moskovskij Komsomolec, Dmitrij Cholodov († 1994) gehören.

Seit Putins Amtsantritt im März 2000 geschahen nach Angaben der Organisation „Reporter ohne Grenzen" bis Ende 2006 weitere 13 Morde.[69] Der Journalist Grigorij Pas´ko wurde ins Gefängnis gesteckt, weil er darüber berichtete, wie die russische Armee Atommüll im Japanischen Meer verklappte. Sein Kollege Jurij Safronov dagegen kam auf seltsame Weise ums Leben als er im Milieu der Waffenhändler über russische Rüstungslieferungen in den Nahen und Mittleren Osten recherchierte. Die russischen Behörden behaupteten, dass er Selbstmord beging.[70] Dies alles mag allerdings für den gewöhnlichen europäischen Bürger als ein mögliches Drehbuch für eine Krimiserie klingen.

---

[66] https://www.unwatched.org/EDRigram_10.14_Russland_Gesetz_zur_Einfuehrung_von_Internet-Sperrlisten [10.05.13].
[67] Vgl. http://www.dieeuros.eu/Russlands-Medienlandschaft,1371.html?lang=fr [10.05.13].
[68] Vgl. Pleines, Schröder 2010, S. 162.
[69] Vgl. http://cpj.org/reports/2006/11/russia-murders.php [11.05.13].
[70] Vgl. Pleines, Schröder 2010, S. 159.

Solche Staatspraktiken werden auch von russischen Gerichten unterstützt, welche die Journalisten im Auftrag des Staats verurteilen. Als Grundlage gelten dann die von Putin erlassenen Gesetze, deren Gummiparagraphen zum Teil willkürlich interpretiert werden können. Auch konnten diese Journalistenmorde seit dem Jahr 2000 bislang nicht aufgeklärt werden. Dies zeigt sehr deutlich die Machtlosigkeit der freien Meinung in Russland.[71] Auch die politischen Rahmenbedingungen, der staatliche Druck auf die Medien und die Gewalt gegen die Journalisten führten in Russland zur Anpassung der Medien an den Staat. So beherrschen nun Selbstzensur und auch Existenzangst die Medien.[72] Möglichkeiten zur freien Meinungsäußerung gibt es nur für kleine Medien mit wenig Publikum, sowie für ausländische Journalisten, die den russischen Gesetzen formal nicht unterliegen. Aber auch sie sind gezwungen, bürokratische Umwege hinzunehmen. Zunehmend werden auch den ausländischen Medienunternehmen die Lizenzen für die Ausstrahlung in Russland entzogen. Ein Beispiel wäre das russischsprachige Radioprogramm der BBC im Herbst 2007.[73]

7. Fazit

Nach der ausführlichen Darstellung der Medienlandschaft wird deutlich, dass Russland bis heute keine Erfahrungen mit einer wirklich unabhängigen Presse und Medienkultur machen konnte. Es ist daher nicht verwunderlich, dass man in der russischen Gesellschaft nur sehr wenige traditionsreiche Medien finden kann, die in der gesellschaftlichen Diskussionen tatsächlich gehört und wahrgenommen werden.[74] In Russland existiert nunmehr kein einziger regierungskritischer Fernsehsender mehr. So kann man festhalten, dass nach dem hoffnungsvollen Neubeginn in den 90er Jahren die russischen Medien einen Rückschlag nach dem anderen hinnehmen mussten. Die Folgen dieser Entwicklung sind nicht zu übersehen, und doch kann der Westen oftmals nur schweigend zuschauen, wie die Entwicklung der Mediensituation ihren lauf nimmt. Auch kritische Journalisten müssen um ihr Leben fürchten. So wurden dutzende Journalisten seit dem Amtsantritt Vladimir Putins im Frühjahr 2000 ermordet, ohne das die Verantwortlichen dafür hinter Gitter gebracht wurden. Nur noch im Untergrund können kritische Medien in Form von

---

[71] Vgl. http://www.dieeuros.eu/Russlands-Medienlandschaft,1371.html?lang=fr [10.05.13].
[72] Vgl. Pleines, Schröder 2010, S. 160.
[73] Vgl. http://www.dieeuros.eu/Russlands-Medienlandschaft,1371.html?lang=fr [10.05.13].
[74] Vgl. Pleines, Schröder 2010, S.155.

Radiosendern und Zeitungen existieren.[75]

Die zentrale Frage ist nun: „Ist man nun wirklich von dem „grauen Einerlei der sowjetischen Jahre" weggekommen, als Zeitungen, Radiosender und das Fernsehen zu Propagandazwecken für das politische System verwendet wurden und anders Denkende und Publizierende im Untergrund agierten?"[76]

In der hier vorliegenden Hausarbeit wurde dargestellt, dass die durch die Verfassung gewährleistete Meinungsfreiheit in heutigem Russland nur noch auf dem Papier besteht. Wie konnte es nur so weit kommen?[77]

Aber die Situation ist sicher nicht ganz aussichtslos wie sie auf den ersten Blick erscheint. Wenn eine freie Presse und die Demokratie generell von der Politik als Wert erkannt werden würden, hätten unabhängige Medien wieder die Möglichkeit, sich langfristig in Russland wieder zu etablieren. Notwendige Voraussetzung dafür ist allerdings eine unabhängige Justiz, die die verfassungsrechtlich verankerte Pressefreiheit unterstützt. Auch die Nachfrage nach kritischer Berichterstattung durch die Bevölkerung und ein Wirtschaftsaufschwung, der die Medien finanziell unabhängiger machen würde, könnten schließlich zur Entstehung einer freien Medienlandschaft in Russland beitragen.[78]

---

[75] Vgl. http://www.dieeuros.eu/Russlands-Medienlandschaft,1371.html?lang=fr [10.05.13].
[76] Pleines, Schröder 2010, S.154.
[77] Vgl. http://www.dieeuros.eu/Russlands-Medienlandschaft,1371.html?lang=fr [10.05.13].
[78] Vgl. ebd.

8. Literaturverzeichnis

Bücher:

Gladkov, S. A.: Macht und Ohnmacht der 'Vierten Gewalt. o.O.: Lit Verlag, 2002.

Koltsova, O.: News Media and Power in Russia. New York: Routledge, 2006.

Mommsen, M., Nußberger, A.: Das System Putin - Gelenkte Demokratie und politische Justiz in Russland. München: C.H. Beck Verlag 2007.

Pleines, H., Schröder H.-H. (Hrsg.): Länderbericht Russland. Bundeszentrale für politische Bildung: o.O., 2010.

Stolle, S.: Medien und Wahlen in Russland. München: GRIN Verlag GmbH, 2006.

Streuer, V.: Medien in Russland - Macht und Ohnmacht im Verhältnis zum Staat unter Putin. München: GRIN Verlag GmbH, 2008.

Trautmann, L: Die Medien im russischen Transformationsprozess – Akteur oder Instrument staatlicher Politik? Funktions- und Strukturwandel der russischen Medien 1991-2001. Frankfurt am Main: Lang, 2002.

Zeitschriften:

Kharina-Welke, N. (2004/2005): Das Mediensystem Russlands. In: Hans-Bredow-Institut: Internationales Handbuch Medien (27. Aufl.). Baden-Baden 2004, S. 566-582.

Kreisel, A. (2001): Zwischen Information und Macht. Die Russische Medienlandschaft. In: Höhmann, Hans-Hermann; Schröder, Hans-Henning: Russland unter neuer Führung. Politik, Wirtschaft und Gesellschaft am Beginn des 21. Jahrhunderts. Münster, S. 241-255.

Matzen, C. (2006): Berichte zu den Mediensystemen in den Ländern Brasilien, Frankreich, Großbritannien, Italien, Japan, Österreich, Polen, Russland, Schweiz, Spanien, Türkei, USA. In: Hans-Bredow-Institut (Hrsg.), Medien von A-Z. Wiesbaden.

Internet:

Gladkov, S.: Medien und Wahlkampf: Zensur durch die Hintertür. http://www.laender-analysen.de/russland/pdf/Russlandanalysen007.pdf [11.05.13].

Luchterhandt, O.: Das neue Terrorbekämpfungsgesetz Russlands vom 10. März 2006. http://www.laender-analysen.de/russland/pdf/Russlandanalysen099.pdf [11.05.13].

Pas'ko, G.: Abhängigkeit und Käuflichkeit der Presse unter Putin. „Warum schreibt ihr nicht, was ich sehe?" In: Berliner Zeitung, 20. August 2007. http://www.berlinonline.de/nachrichten [11.05.13].

Reporter ohne Grenzen: Jahresbericht 2007. S. 121. http://www.reporter-ohne-grenzen.de/fileadmin/rte/docs/2007/rapport_en_md.pdf [11.05.13].

http://www.bpb.de/internationales/europa/russland/47996/medien?p=1 [11.05.13].

http://www.cicero.de/97.php?ress_id=10&item=2516 [11.05.13].

http://cpj.org/reports/2006/11/russia-murders.php [11.05.13].

http://www.de.ria.ru/russia/20120713/263984163.html [11.05.13].

https://dgap.org/de/article/20190/print [11.05.13].

http://gruen-digital.de/2012/07/gesetzesaenderungen-kampfansage-des-kremls-an-die-zivilgesellschaft/ [11.05.13].

http://www.dieeuros.eu/Russlands-Medienlandschaft,1371.html?lang=fr [11.05.13].

http://www.kas.de/wf/de/33.13586 [11.05.13].

http://www.rg.ru/2006/03/10/borba-terrorizm.html [11.05.13].

http://www.rg.ru/2009/10/20/zakon-dok.html [11.05.13].

http://www.spiegel.de/politik/ausland/russland-mediengesetz-wird-nach-kritik-aus-kreml-nicht-verschaerft-a-846448.html [11.05.13].

http://www.theeuros.eu/spip.php?page=print&id_article=1371&lang=fr [11.05.13].

https://www.unwatched.org/EDRigram_10.14_Russland_Gesetz_zur_Einfuehrung_von_Internet-Sperrlisten [11.05.13].

http://de.wikipedia.org/wiki/Medien_in_Russland [11.05.13].

http://www.zeit.de/online/2007/11/russland-internet [11.05.13].